Seite

Gut starten

Datum: ____________

1 Schreibe die 10 fehlenden Buchstaben.

Buchstabenkenntnis wiederholen
Fehlende Grapheme in die Schreibtabelle schreiben

2 Schreibe die Wörter.

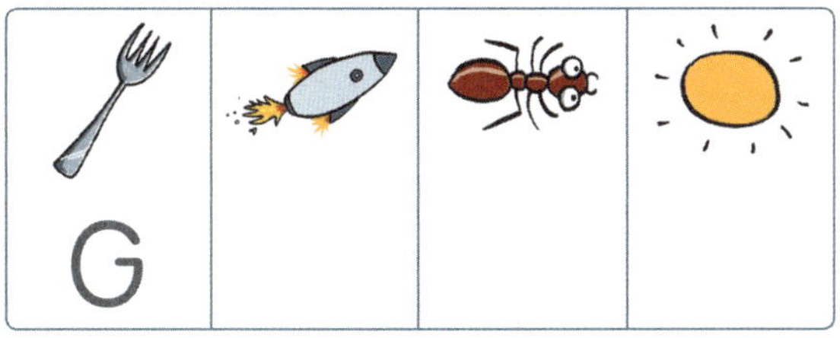

3 Zeichne Silbenbögen.
Welches Wort hat mehr Silben? Kreuze an.

4 Wo hörst du den Laut G/g? Kreuze an.

Selbstlaute erkennen

Datum: ____________

1 Sprich mit einem Partnerkind.
Was steht an der Tafel?

____
Unterschrift Partnerkind

2 Setze die Buchstaben ein.

e u o a au e ü e

Fl_e_x ___nd Fl___r___ k___f___n B___ch___r.

Selbstlaute sind **a**, **e**, **i**, **o**, **u**. Dazu gehören auch
- die **Umlaute ä**, **ö**, **ü**,
- die **Zwielaute au**, **äu**, **ei**, **eu**,
- **ie**.

Alle anderen Buchstaben heißen **Mitlaute**: b, c, d, f, …

3 Markiere die Selbstlaute **a**, **e**, **i**, **o**, **u**,
die Umlaute **ä**, **ö**, **ü** und die Zwielaute **au**, **äu**, **ei**, **eu**.

Sonne	Nebel	Wolke	Sturm	Gewitter	Feuer	Bär
Hütte	Öl	Bäcker	Auto	Bauer	Zeit	Eule	Eimer

4 Setze die Selbstlaute, Umlaute und Zwielaute ein.

 der H_O_n_i_g
 die M___lch
 die M___tz___

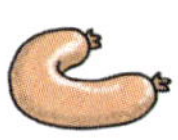 die W___rst
 die B___tt___r
 das H___s

 die G___b___l
 das Br___t
 der ___m___r

Selbstlaute kennenlernen
Selbstlaute in Wörtern erkennen
Selbstlaute einsetzen

Fö 12
HR

Datum: ____________

1 Suche dir für die Aufgaben 2 und 3 ein Partnerkind.

____
Unterschrift Partnerkind

2 Setzt die Selbstlaute ein.
Lest euch die Sätze vor.

Pavel h_a_t gr___ßen H___nger.

Er w___ll ein Br___t mit B___tter.

Elena tr___nkt ein Gl___s M___lch.

3 Setzt die Selbstlaute, Umlaute und Zwielaute ein.
Lest euch die Sätze vor.

Samuel m___chte h___te M___sli ___ssen.

Auch H___ferbr___ mit Bl___beeren schm___ckt ihm g___t.

4 Schreibe die Sätze von Aufgabe 3 mit den Vokalen.
Markiere alle Selbstlaute, Umlaute und Zwielaute.

Samuel möchte

5 Schreibe die Wörter mit veränderten Selbstlauten.
Markiere die Selbstlaute.

a → u	u → a	o → u	i → a
Tasche	Hund	Mond	Wind
Tusche			

Datum: ______________

1 Markiere die Umlaute **ä, ö, ü** in den Wörtern.

Mädchen	Löwe	Käfer	Frühling	Blüte
Körper	Gemüse	März	Kälte	Flöte

2 Markiere die Selbstlaute und die Umlaute, die daraus werden.

Schaf → Schäfchen

Hund → Hündchen

Vogel → Vögelchen

Katze → Kätzchen

Spatz → Spätzchen

3 Setze die Umlaute ein.

Blatt → Bl ä tter		Hand → H___nde	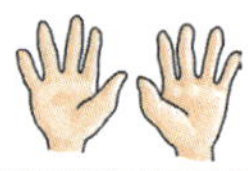
Loch → L___cher		Rock → R___cke	
Buch → B___cher		Fuß → F___ße	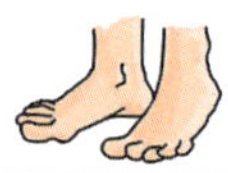

4 Markiere die Selbstlaute und die Umlaute. Übe, das Gedicht vorzulesen.

Der schöne Bär Umbartolo
ist gar nicht glücklich, gar nicht froh.
Am Rücken und am Po,
da ärgert ihn der freche Floh.

5 Lies das Gedicht einem Partnerkind vor. Ersetze dabei die Selbstlaute mit **o**, **u** oder **i**.

Dor schono Bor Ombortolo, ...

____
Unterschrift Partnerkind

Datum: ____________

6 Markiere die Zwielaute **au**, **Ei/ei** und **Eu/eu** in den Wörtern.

7 Schreibe die Wörter von Aufgabe 6 nach Zwielauten geordnet.

au	Mauer,
Ei/ei	
Eu/eu	

8 Setze die passenden Zwielaute **au**, **ei**, **eu** ein.

der St ei n   der Z____n   die Fr____ndin   t____er

die Z____t   der B____ch   bl____ben   h____te

9 Markiere die Zwielaute. Schreibe die Wörter.

f r eu e n	freuen	L eu t e	
S ei f e		Eu r o	
Au g u s t		F r ei t a g	

10 Finde jeweils 3 Wörter mit **au**, **ei** und **eu**. Schreibe sie ins Heft.

Silben erkennen

Datum: ____________

1 Sprich mit einem Partnerkind.
Wie oft muss Flora schwingen?

____
Unterschrift Partnerkind

2 Lies die Wörter langsam und halblaut. Schwinge oder schreite die Silben.

Ka mel	Ha se	Wurm	Vo gel	Kän gu ru

3 Markiere in den Wörtern von Aufgabe 2 die Selbstlaute.
Zeichne Silbenbögen unter die Wörter.

Wörter bestehen aus **Silben**.
In jeder Silbe ist ein Selbstlaut **a**, **e**, **i**, **o**, **u**,
ein Umlaut **ä**, **ö**, **ü**, ein Zwielaut **au**, **äu**, **ei**, **eu** oder **ie**.
Wal – 1 Silbe Kä fer – 2 Silben Pa pa gei – 3 Silben

4 Finde die zweite Silbe zu jedem Wort. Schreibe die Wörter.

~~stift~~	fel	sel	de	re	ner

 der Bleistift

 die Ta

 der Pin

 die Krei

 die Sche

 der Ord

Datum: ______________

1 Markiere die Selbstlaute.
Verbinde die Wörter mit den passenden Silbenbögen.

Butter	Saft
Salami	Tomate
Salz	Schinken

Wurst	Banane
Birne	Brot
Melone	Honig

2 Lass dir die Wörter langsam und deutlich von einem Partnerkind vorlesen.
Sage bei jedem Wort, wie viele Silben du hörst.

Salat	Obstkuchen	Pilz
Margarine	Gurke	Zitrone
Milch	Schokolade	Käse
Zwiebel	Paprika	Keks

____
Unterschrift Partnerkind

3 Schreibe die Monate nach der Anzahl der Silben geordnet auf.

~~Dezember~~ März Juni Mai November Juli August

Wörter mit 1 Silbe: ______________________

Wörter mit 2 Silben: ______________________

Wörter mit 3 Silben: Dezember, ______________________

Wörter aus Silben bilden

Datum: ____________

1 Verbinde die Silben und schreibe die Wörter.
Markiere die Selbstlaute und zeichne die Silbenbögen.

le	schen	lesen
wa	sen	
rech	fen	
den	nen	
kau	ken	

wün	len	
spie	ten	
war	ben	
ste	schen	
schrei	hen	

2 Bilde Wörter und schreibe sie.
Markiere die Selbstlaute und zeichne die Silbenbögen.

~~Bru~~	rer	Ok
Leh	to	Va
ter	~~der~~	ber

Bruder,

Nu	bel	Re
	del gel	
Ne	kel	On

3 Löse das Silbenrätsel. Schreibe die Wörter.

nen me tro Mar la Zi gel eis ei Spie de

Ein Nachtisch: ____________

Ein Brotaufstrich: ____________

Welches Wort bleibt übrig? ____________

6

Aus Silben Wörter bilden
Selbstlaute in Silben markieren
Wörter in Silben gliedern

KV 16
Fö 16/Fo 9

Mit Silben reimen

Datum: ____________

1 Bilde Wörter aus den Silben und schreibe sie.
Welche Silbe ist in beiden Wörtern gleich? Markiere.

Ha / Na – se: Hase, Nase

Blü / Tü – te

Na / Da – me

Flü / Hü – gel

Ne / He – bel

Zie / Flie – ge

2 Bilde Reimwörter und schreibe sie.

Hose – R

3 Schreibe die Reimwörter.

wir zielen	wir sinken	wir raufen
wir spielen	wir tr	wir l
wir schenken	**wir lachen**	**wir siegen**
wir d	wir m	wir fl

4 Finde Reimwörter zu den Wörtern **Pfanne** und **sitzen**.
Schreibe sie ins Heft. Pfanne, T..., ...

Mit dem ABC arbeiten

Datum: ____________

1 Sprich mit einem Partnerkind.
Was meint Flex?

____
Unterschrift Partnerkind

2 Verbinde die Buchstaben im Bild nach dem ABC.
Die Buchstabenleiste auf Seite 15 hilft dir.

3 Welche Buchstaben fehlen im ABC? Schreibe.

A B C ___ E F ___ H I J K ___ M ___ O P Qu R ___ T ___ V W X Y ___

a b c d e ___ g h ___ j ___ l m n ___ p qu r s ___ u v ___ x ___ z

Das **ABC** ist die Liste der Buchstaben von **A** bis **Z**.
Es hat 26 Buchstaben und heißt auch **Alphabet**:
A B C D E F G H I J K L M N O P Qu R S T U V W X Y Z.

4 Sprich das ABC mehrmals halblaut.
Lies mal schnell, mal langsam, mal leise, …
Sprich es einem Partnerkind vor.

____
Unterschrift Partnerkind

Das Abc kennenlernen
Die Reihenfolge des Abc durch häufiges Sprechen automatisieren
Durch aktives Zuhören die Buchstabenfolge festigen

Datum: ____________

5 Welche Buchstaben folgen danach? Schreibe.

A B C　　F G ___　　M N ___　　R S ___

c d ___　　i j ___　　o p ___　　u v ___

6 Hier fehlt immer ein Buchstabe.
Schreibe erst den fehlenden Buchstaben.
Schreibe dann die Buchstaben in der richtigen Reihenfolge.

A B D E	C	ABCDE	a b c d f	e	
K M N O			g h i k		
P Qu R T			qu r s u		
U V X Y Z			v w x z		

7 Welche Buchstaben stehen davor? Schreibe.

C D E　　___ ___ T　　___ ___ W

___ ___ ___ p　　___ ___ ___ z　　___ ___ ___ k

8 Markiere die Anfangsbuchstaben.
Schreibe dann die Wörter nach dem **ABC** geordnet.

Esel	Ampel	Raupe	
Mund		Tante	
Ampel		Nase	

Wörter werden nach ihren Anfangsbuchstaben geordnet:
Lampe, **M**utter, **N**agel.

A a
B b
C c
D d
E e
F f
G g
H h
I i
J j
K k
L l
M m
N n
O o
P p
Qu qu
R r
S s
T t
U u
V v
W w
X x
Y y
Z z

Datum: ____________

1 Schreibe zu den Anlautbildern die großen und kleinen Buchstaben des ABC.

2 Markiere die Anfangsbuchstaben der Wörter im großen Bild.
Schreibe die Wörter nach dem ABC geordnet.

 A a Ampel

 B b ____

 C ___ ____

 ___ d ____

 ___ e Esel

 F ___ ____

 ___ g ____

 ___ h ____

 I ___ ____

 J ___ ____

 ___ k ____

 L ___ ____

 ___ m ____

Buchstaben passend zu den Anlautbildern schreiben
Wörter passend zum Anlaut entsprechenden Buchstaben zuordnen
Wörter nach dem Abc geordnet aufschreiben

Datum: ______________

 N ___ ______________

 ___ o ______________

 ___ p ______________

 Qu ___ ______________

 ___ r ______________

 ___ s ______________

 T ___ ______________

 ___ u ______________

 V ___ ______________

 W ___ ______________

 ___ x ______________

 ___ y ______________

 Z ___ ______________

3 Schreibe ein **ABC** mit deinen Lieblingswörtern ins Heft.

Datum: ____________

1 Markiere die Anfangsbuchstaben.
Schreibe die Wörter nach dem ABC.

Dank	Mutter	Fenster	Garten	Licht	Onkel	Junge

Abend	Ente	Igel	______
Buch	______	______	Nacht
Clown	______	Katze	______
Dank	Hand	______	Papier

2 Schreibe die Anfangsbuchstaben der Wörter nach dem ABC geordnet.
Schreibe die Wörter dazu.

Zitrone
Banane
Kiwi
Melone

B	Banane
K	______
______	______
______	______

pink
blau
rot
gelb

b	______
______	______
______	______
______	______

3 Schreibe die Wörter nach dem ABC geordnet untereinander ins Heft.

April	leben	Tochter	bleiben	nehmen	Ostern	zeigen	drei

8

Anfangsbuchstaben in Wörtern markieren
Anfangsbuchstaben von Wörtern schreiben
Wörter nach dem Abc ordnen

KV 19
Fö 22, 23/Fo 12, 13
HR

Namen nach dem ABC ordnen

Datum: ______________

1 Markiere die Anfangsbuchstaben der Namen.
Schreibe die Namen nach dem ABC geordnet.

Timo	Karim	~~Anna~~	Indra	Paul
~~Hans~~	Wilma	Sebastian	Natalia	Leo

Anna, Hans, ______________

____

2 Wie heißen deine Freunde? Schreibe.

a) Schreibe die Namen von 3 Freunden.

____

b) Ordne die Namen nach dem ABC.

____

3 Ordne die Namen der Frauen und der Männer nach dem ABC.

Frauen	Erika,
Männer	

4 Schreibe ein Namen-ABC ins Heft.
Anton, Bruno, Clara, …

Nomen erkennen

Datum: ______________

1 Sprich mit einem Partnerkind.
Wann werden Wörter großgeschrieben?

____
Unterschrift Partnerkind

2 Welche Wörter aus dem Bild passen in die Tabelle? Schreibe.

ein/eine	**viele**
ein Buch	viele Bücher

3 Markiere die Anfangsbuchstaben der Wörter in Aufgabe 2.

Wenn du **ein/eine** oder **viele** vor ein Wort setzen kannst, dann schreibst du es groß. Diese Wörter heißen **Nomen**:
ein Kind – viele Kinder, ein Buch – viele Bücher, …

4 Schreibe weitere Nomen ins Heft.
Markiere die Anfangsbuchstaben.
eine Tafel – viele Tafeln, …

Nomen in Einzahl und Mehrzahl kennenlernen
Nomen in Einzahl und Mehrzahl schreiben
Die Nomenprobe mit *ein/eine* und *viele* kennenlernen

5 Markiere alle Nomen.

Ich mache die Nomenprobe:
eine Blume – viele Blumen.

Blume	geben	Schuhe	
Hase	groß	Autos	still
rufen	Oma	rot	Kerzen
neu	Computer	trinken	

6 Schreibe die Nomen von Aufgabe 5.

Blume,

____

Nomen gibt es in der **Einzahl**: ein Schuh, eine Blume, …
Nomen gibt es in der **Mehrzahl**: viele Schuhe, viele Blumen, …

7 Schreibe die Mehrzahl.

ein/eine → Einzahl	**viele → Mehrzahl**
eine Banane	viele Bananen
ein Pferd	
ein Tisch	
eine Schwester	
ein Brief	

Nomen kannst du zählen:
2 Bananen,
3 Pferde, …

8 Suche die Wörter in einem Wörterbuch.
Schreibe sie mit der Mehrzahl ins Heft.

Atlas	Kaktus	Pizza
Lexikon		Museum

Datum: ____________

1 Markiere die Anfangsbuchstaben der Wörter.

Da kommen viele Menschen zu Besuch. Von einigen kenne ich die Namen: **Lena** und **Ole**.

2 Schreibe die Nomen und Namen von Aufgabe 1 in Einzahl und Mehrzahl.

ein/eine → Einzahl	**viele → Mehrzahl**
eine Tante	viele T

Wörter für Menschen sind Nomen. Du schreibst sie groß: **ein Kind – viele Kinder.**

Auch Namen sind Nomen: **eine Lena – viele Lenas.**

3 Schreibe die Berufe in Einzahl und Mehrzahl.

ein Lehrer – viele

4 Wie heißen die Berufe von Aufgabe 3 für Frauen? Schreibe jeweils die Einzahl und die Mehrzahl ins Heft.

9-10

Nomen als Wörter für Menschen kennenlernen
Großschreibung der Anfangsbuchstaben von Nomen bewusst machen
Nomen in der Einzahl und Mehrzahl schreiben

KV 21
HR

Nomen erkennen: Tiere

Datum: ____________

1 Markiere die Anfangsbuchstaben der Wörter.

Löwe Biene Ameise Fisch

2 Schreibe Einzahl und Mehrzahl.
Markiere den ersten Buchstaben der Nomen.

 ein Fisch  viele

 ______  ______

 ______  ______

 ______  ______

3 Setze die passenden Nomen von Aufgabe 2 ein.

Viele ______ schwimmen im Wasser.

Eine ______ lebt in einem Ameisenhügel.

Ein ______ ist ein gefährliches Tier.

Viele ______ summen im Blumenbeet.

4 Mache die Nomenprobe: eine Katze – viele Katzen.
Streiche die 5 Nomen durch und schreibe sie richtig.

~~katze~~ schön ente käfer streiten kuh bitten pferd weiß

Katze, ______

______

5 Schreibe deine Lieblingstiere in Einzahl und Mehrzahl ins Heft.

Nomen erkennen: Pflanzen und Dinge

1 Schreibe die Einzahl oder die Mehrzahl der Wörter.
Markiere die Anfangsbuchstaben.

ein/eine → Einzahl	viele → Mehrzahl
eine Blume	
	viele Puppen
eine Hecke	
	viele Stifte
eine Tür	

Wörter für Pflanzen und Dinge sind Nomen.
Du schreibst sie groß: **eine Blume – viele Blumen, eine Puppe – viele Puppen.**

2 Setze die Nomen in den Text ein.

Steine	Eimer	Schere	Blumen

Familie Schuster arbeitet im Garten.

Papa hat eine ____________ in der Hand.

Er will einige ____________ abschneiden.

Lars sammelt viele ____________ in einem ____________.

3 Löse die Rätsel und schreibe. Denke an Obst und Gemüse.

Sie ist gelb und gebogen: eine __ __ __ __ __ __

Sie ist gelb und sehr sauer: eine __ __ __ __ __ __ __

Sie ist grün und lang: eine __ __ __ __ __

4 Denke dir selbst Rätsel für Pflanzen oder Dinge aus.
Schreibe sie ins Heft.

9-10

Nomen als Wörter für Pflanzen und Dinge kennenlernen
Bedeutung von Nomen erfassen und Nomen passend einsetzen

Fö 28
HR

Datum: ______________

1 Markiere die Nomen im Text.

Jette und Mats wohnen auf einem Bauernhof.
Dort gibt es einen großen Stall,
in dem Kühe stehen.
Die Eltern pflanzen Gurken an.
Auch Äpfel und Birnen ernten sie.
Vor dem Haus laufen Hühner und Gänse herum.

2 Schreibe die Nomen von Aufgabe 1 geordnet.

Menschen	Tiere	Pflanzen	Dinge
Jette			Bauernhof
Mats			

3 In jeder Zeile steht ein Nomen. Es ist falsch geschrieben.
Streiche es durch und schreibe es richtig.

~~stühle~~	sehen	stark	Stühle
traurig	tante	toll	
fein	füllen	frösche	
zwiebel	zu	zeigen	

4 Schreibe die Sätze richtig ins Heft.

igel fressen gern schnecken und raupen. — 3 Nomen
tante inga pflanzt in ihrem garten einen baum. — 4 Nomen
opa fegt mit dem besen die wege. — 3 Nomen

Bestimmte und unbestimmte Artikel erkennen

Datum: ____________

1 Sprich mit einem Partnerkind.
Welche Wörter meint Flora?

____
Unterschrift Partnerkind

2 Markiere im Kasten die Wörter vor den Nomen.
Schreibe sie mit den Nomen geordnet in die Tabelle.

~~der Vogel~~ das Auto der Lehrer die Blume die Katze das Zebra

der	die	das
der Vogel		

Die Wörter **der, die, das** heißen **Artikel**. Sie gehören zu Nomen.
Die **bestimmten Artikel** in der **Einzahl** sind **der**, **die** und **das**:
der Vogel, die Blume, das Auto,....
Der **bestimmte Artikel** in der **Mehrzahl** ist immer **die**:
die Vögel, die Blumen, die Autos,...

3 Schreibe die Nomen in der Einzahl
mit **der**, **die** oder **das**
und in der Mehrzahl mit **die** ins Heft.
das Messer – die Messer,

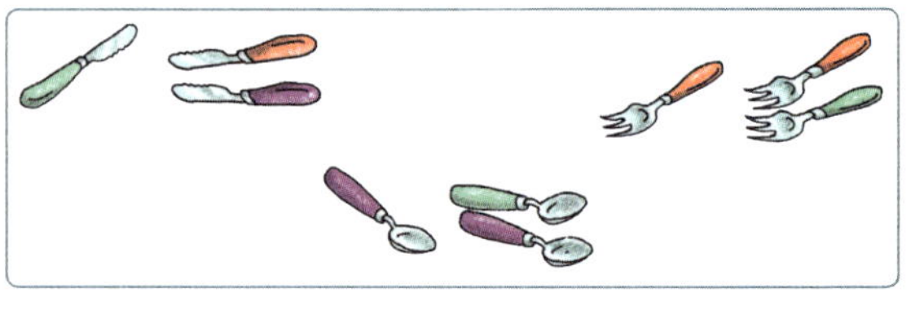

Datum: ______________

Nomen in der Einzahl haben auch **unbestimmte Artikel**.
Es sind **ein** und **eine**: ein Hund, eine Frau, ein Buch.
Du sagst **ein** oder **eine**, wenn du kein ganz bestimmtes Nomen meinst.

4 Schreibe die Nomen mit dem unbestimmten Artikel **ein** oder **eine**.

der Mann	ein Mann	der Apfel	
die Frau	eine	die Maus	
das Kind		das Buch	
der Tisch		der Boden	
die Treppe		die Küche	
das Regal		das Dach	

5 Schreibe die Nomen mit bestimmtem und unbestimmtem Artikel.

	der Stuhl	ein

Datum: ____________

1 Schreibe die bestimmten Artikel **der**, **die** oder **das** vor die Nomen.

die	Hand		Bauch		Auge
	Ohr		Nase		Mund
	Zahn		Bein		Gesicht
	Schulter		Hals		Finger

2 Schreibe die Nomen
in Einzahl und Mehrzahl
mit bestimmtem Artikel.

 der Zahn

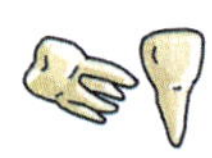 die

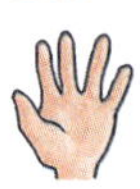

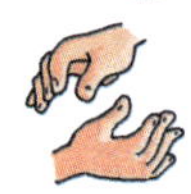

3 Schreibe die Nomen mit dem unbestimmten Artikel **ein** oder **eine**.

~~der Schal~~ die Hose die Jacke das Kleid die Mütze der Mantel das Hemd

ein	ein Schal, ein
eine	eine

4 Schreibe 5 Nomen mit unbestimmtem und bestimmtem Artikel ins Heft.
ein Stift – der Stift, ...

12-13

Bestimmte Artikel Nomen zuordnen (mithilfe des Wörterbuchs)
Nomen nach dem unbestimmten Artikel ordnen

KV 25
Fö 33
HR

Datum: ____________

5 Setze den unbestimmten Artikel **ein** oder **eine** oder den bestimmten Artikel **der**, **die** oder **das** ein.

ein → der	Im Regal liegt ein Teddy. Im Sessel liegt der Teddy mit den grünen Augen.
eine → die	Im Bett liegt ______ Mütze. Im Schrank liegt ______ Mütze mit der roten Schleife.
ein → das	Im Sessel liegt ______ Buch. Im Regal liegt ______ neue Buch über Pferde.

6 Setze den unbestimmten oder den bestimmten Artikel ein.

Im Garten spielt ein Kind.

Im Garten spielt ______ Kind mit der gelben Mütze.

Neben der Bank steht ______ Rutsche.

Neben der Bank steht ______ Rutsche mit der alten Leiter.

Unter dem Baum liegt ______ Ball.

Unter dem Baum liegt ______ Ball mit den bunten Punkten.

7 Schreibe Sätze wie in Aufgabe 6 ins Heft. Unterstreiche die Artikel.

Dort fährt <u>ein</u> Auto. <u>Das</u> Auto ist rot.

Verben erkennen

Datum: ______________

1 Sprich mit einem Partnerkind.
Was meint Flex?

____
Unterschrift Partnerkind

2 Welche Buchstaben verändern sich? Markiere oben im Bild.

Verben sind Wörter, vor die du **ich**, **du**, **er/sie/es**, **wir**, **ihr**, **sie** setzen kannst. **Verben** haben verschiedene Wortbausteine:
ich *spiele*, du *spielst*, er *spielt*, sie *spielt*, es *spielt*,
wir *spielen*, ihr *spielt*, sie *spielen*.

3 Schreibe die Verben. Markiere die Wortbausteine am Ende.

Person	fragen	schreiben	lernen
ich	frage	schreibe	lern
du	fragst	schreib	
er sie es	fragt	schreib	
wir	fragen	sch	
ihr	fragt	sch	
sie	fragen	sch	

Die Wortart *Verb* kennenlernen
Erfahren, dass sich Verben in der Endung verändern
Verben in ihrer gebeugten Form zu Pronomen schreiben

KV 26
Fö 35

Datum: ______________

4 Welche Wörter im Bild sind Verben? Mache die Verbprobe und markiere die Verben.

5 Schreibe die Verben. Markiere die Wortbausteine am Ende.

zeigen		**bauen**		suchen		**lachen**	
ich	zeige	du		wir		er	
Ole		Lina		er		ich	
wir		ich		du		du	

6 Markiere die Verben in den Sätzen.

Sie springt von einer Mauer.
Ich rede mit meiner Freundin.
Er blättert in einem Bilderbuch.
Du kletterst auf den Apfelbaum.
Wir schießen auf die Torwand.

7 Schreibe die Verben **schlafen** und **essen** mit **ich**, **du**, **er**, **wir**, **ihr**, **sie** wie in Aufgabe 3 ins Heft.

Datum: ______________

1 Schreibe die Sätze.
Markiere in den Verben die Wortbausteine am Ende.

Ich rufe Max.	Ich besuche Oma.
Du rufst Max.	Du
Er ruf	
Wir ruf	
Ihr ruf	
Sie ruf	

2 Setze die passenden Wortbausteine ein.

Max und Opa woll en mit dem Zug zu Oma fahr_____ .

Am Bahnhof kauf_____ Opa zwei Fahrkarten.

Als der Zug komm_____ , ruf_____ er laut:

„Max, du darf_____ nicht so nah an die Gleise geh_____ !"

Max murmel_____ : „Ja, ich pass_____ auf."

Opa sag_____ : „Das mach_____ du gut."

~~en~~ t
t st e
en t
st t
t en

3 Was können die **Hände** tun? Was kann der **Arm** tun?
Schreibe passende Verben. Markiere die Wortbausteine am Ende.

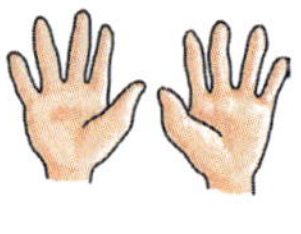

sie winken, sie

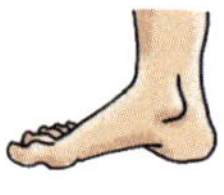

er

14 - 15

Wortbausteine am Ende der Verben erkennen
Wortbausteine am Ende der Verben einsetzen
Verben zu Körperteilen mit passenden Wortbausteinen schreiben

Fö 35, 36/Fo 19

Datum: ______________

1 Schreibe die passenden Verben neben die Bilder.

schneiden	verkaufen	backen	mauern	bedienen	~~singen~~

 singen

 ______________

 ______________

 ______________

 ______________

 ______________

2 Setze die Verben von Aufgabe 1 mit dem richtigen Wortbaustein am Ende ein.

Der Sänger singt ein schönes Lied.

Die Bäckerin ______________ leckeres Brot.

Der Maurer ______________ die Wände.

Der Frisör ______________ den Leuten die Haare.

Die Buchhändlerin ______________ Bücher.

Der Kellner ______________ die Gäste.

Die Verben musst du am Ende verändern, damit sie gut in den Satz passen.

3 Schreibe passende Verben zu den Berufen.

 helfen, ______________

 ______________

Verben ordnen und schreiben

Datum: ____________

1 Suche dir ein Partnerkind für die Aufgaben 2–5.

____
Unterschrift Partnerkind

2 Erklärt oder spielt die Verben.

antworten	hüpfen	rufen	kriechen
spazieren	fragen	stolpern	schreien

3 Welche Verben von Aufgabe 2 haben mit den Beinen zu tun? Markiert sie.

4 Welche Verben passen zu den Beinen, welche zum Mund? Sammelt Verben.

a) Jeder schreibt Verben, die zu den Beinen oder zum Mund passen. Ihr könnt auch die Verben von Aufgabe 1 verwenden.

b) Tauscht das Heft mit dem Partnerkind.

c) Schreibt weitere Verben.

Verben, die zu den Beinen passen

hüpfen

Verben, die zum Mund passen

antworten

5 Bildet abwechselnd Sätze mit den Verben von Aufgabe 4.
Ich hüpfe auf einem Bein.

Über die Bedeutung von Verben sprechen
Mit einem Partner kooperativ Verben ordnen und sammeln

KV 28
Fo 20, 21

Datum: ______________

1 Welches Verb passt? Markiere.

Mika und Hanna [rennen / kochen / sitzen] in der Wanne.

Bunte Blumen [spielen / blühen / rufen] im Garten.

Der fremde Hund [wedelt / schreibt / trinkt] mit dem Schwanz.

2 Schreibe jeweils einen sinnvollen und einen lustigen Satz.

Pauline und Nils ______________ in der Schule.

Pauline und Nils ______________ in der Schule.

Tante Gunilla ______________ in der Küche.

Tante Gunilla ______________ in der Küche.

3 Mache die Verbprobe. Markiere in jedem Satz das Verb.

Moritz und Orkan spielen im Kinderzimmer.
Plötzlich hört Moritz ein lautes Geräusch.
Die Jungen laufen zum Fenster.
Ein Polizeiauto rast um die Ecke.
Das blaue Licht blinkt auf dem Autodach.

Ich spiele, **du** spielst, **er** spielt, **wir** spielen – **spielen** ist ein Verb.

4 Schreibe mit den Verben **fliegen** und **kriechen** jeweils 2 lustige Sätze ins Heft.

Satzzeichen setzen

Datum: ____________

1 Sprich mit einem Partnerkind.
Beantwortet Floras Frage.

____
Unterschrift Partnerkind

2 Markiere die Satzzeichen. Lies die Sätze so, dass man hört, ob du den Satz sagst, fragst oder rufst.

Jan backt Kuchen.	Papa kocht Suppe.	Ida spielt Hockey.
Was backt Jan?	Wer kocht Suppe?	Was spielt Ida?
Jan backt Kuchen!	Papa kocht Suppe!	Ida spielt Hockey!

Am Ende eines Satzes steht ein **Satzzeichen**.

. **Punkt** - Du **sagst** oder **erzählst** etwas: Ich spiele gern Basketball.
? **Fragezeichen** - Du **fragst** jemanden etwas: Was sollen wir spielen?
! **Ausrufezeichen** - Du **rufst** etwas laut aus: Tolle Idee!
Das Ausrufezeichen steht auch nach einer **Aufforderung**: Spiel doch mit!

3 Schreibe die passenden Sätze zu den Bildern.

Hunde verboten!
Das ist giftig!
Achtung! Ampel!

____

____

____

Satzschlusszeichen kennenlernen
Sätze entsprechend der Satzschlusszeichen betont lesen
Ausrufesätze Bildern zuordnen

4 Hier fragt oder sagt jemand etwas.
Schreibe das Fragewort. Setze die Satzzeichen.

~~Wer~~	Wann	Wo	Wohin

Wer geht ins Kino ?	Oma geht ins Kino .
____ ist das Kino ___	Das Kino ist in der Stadt ___
____ geht Oma ___	Oma geht ins Kino ___
____ geht Oma ins Kino ___	Sie geht am Mittwoch ___

5 Markiere die Verben, an denen du eine Frage, einen Ausruf oder eine Aussage erkennst.
Setze die Satzzeichen.

Aylin fragt Oskar:	„Wann bist du endlich fertig ?"
Oskar antwortet:	„Ich brauche noch fünf Minuten ___"
Aylin ruft:	„Bitte beeile dich ___"
Oskar schreit:	„Immer diese Hektik ___"
Aylin fragt:	„Warum dauert das denn so lange ___"

6 Setze die Satzzeichen.

Tim spielt mit Lena .	Spielt Tim mit Lena ?
Emre ist auch dabei ___	Ist Emre auch dabei ___
Die drei spielen Basketball ___	Spielen die drei Basketball ___
Tim soll den Ball fangen ___	Fang den Ball, Tim ___
Er wirft den Ball am Korb vorbei ___	Wirf den Ball nicht vorbei ___

7 Schreibe drei Sätze ins Heft. Verwende die Satzzeichen . ? !.

Fragen stellen und Antworten geben

Datum: ______________

1 Lies die Sätze.
Setze die Satzzeichen . und ?
und markiere sie.

Wie heißt du ?	Ich heiße Tina .
Wie alt bist du ___	Ich bin 7 Jahre alt ___
Wo wohnst du ___	Ich wohne in Hamburg ___
Hast du einen Bruder ___	Nein, ich habe eine Schwester ___
Wann hast du Geburtstag ___	Ich habe am 7. Mai Geburtstag ___

2 Lies die Fragen von Aufgabe 1
einem Partnerkind vor.
Dein Partnerkind antwortet.

____
Unterschrift Partnerkind

3 Schreibe die passenden Fragen zu den Antworten.
Setze die Satzzeichen und markiere sie.

Wo	Ich wohne in Dortmund .
	Ich heiße Mirko ___
	Ich bin 8 Jahre alt ___
	Ich habe einen Hund ___

4 Schreibe passende Fragen zu den Antworten ins Heft.

a) Dominik hat am 1. Mai Geburtstag.

b) Kilian wohnt in Frankfurt.

c) Meike ist 9 Jahre alt.

5 Was willst du von einem Partnerkind wissen?
Stelle deinem Partnerkind 5 Fragen.
Was isst du gern? ...

____
Unterschrift Partnerkind

18

Satzschlusszeichen bei Fragen und Antworten setzen
W-Fragen formulieren und beantworten
Ein Kurzinterview durchführen

KV 30
Fö 40, 41
HR

Datum: ____________

Satzzeichen in Texten setzen

1 Lies den Witz halblaut. Setze die Satzzeichen.

Frau Schenker fragt: „Johan, was heißt Glocke auf Englisch _?_ “

Johan ruft: „Keine Ahnung ___ “

Frau Schenker sagt: „Bell ___ “

Darauf ruft Johan: „Wuff, wuff ___ “

2 An welchen Verben in Aufgabe 1 erkennst du eine Frage, einen Ausruf oder eine Aussage? Markiere.

3 Lies den Text halblaut. Setze die Satzzeichen.

Englisch macht Spaß

Lotte sitzt neben Johan _._

Sie fragt ihn leise: „Warum hast du gebellt ___ “

Johan antwortet: „Frau Schenker hat gesagt,

dass ich bellen soll ___ “

Lotte wird böse und ruft: „Das stimmt doch nicht ___ “

Johan schreit: „Das stimmt wohl ___ “

Frau Schenker schaut zu den beiden herüber ___

Lotte will es Johan erklären ___

Sie flüstert: „Du solltest sagen,

was Glocke auf Englisch heißt ___ “

Johan antwortet: „Und weil ich es nicht wusste, sollte ich bellen ___ “

Lotte lacht: „So ein Quatsch, Glocke heißt auf Englisch **bell** ___ “

Johan ruft erstaunt: „Ach so ___ “

Adjektive erkennen

Datum: ______________

1 Sprich mit einem Partnerkind.
Warum weiß Flex nicht, welchen Stein Flora braucht?

____
Unterschrift Partnerkind

2 Schreibe die passenden Wörter zu den Bildern.

rund	klein	eckig	blau	groß

 Der Baustein ist rund und klein.

 Der Baustein ist ______________.

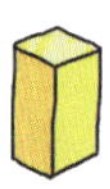 Der Baustein ist ______________.

 Der Baustein ist ______________.

 Der Baustein ist ______________.

Adjektive sind Wörter, die sagen, wie Menschen, Tiere, Pflanzen und Dinge sind. Mit Adjektiven kann man genau beschreiben:
Der Baustein ist **rund**, **klein** und **rot**.

3 In jedem Satz passt ein Adjektiv nicht. Streiche es durch.

Eine Feder ist leicht ~~schwer~~.

Ein Riese ist klein groß.

Ein Rennauto ist langsam schnell.

Ein Würfel ist eckig rund.

Die Wortart *Adjektiv* kennenlernen
Dinge mit Adjektiven beschreiben

Fö 43
HR

4 Verbinde die passenden Sätze.

	Der Ball ist rot.	Das ist ein kleines Auto.
	Die Kinder sind lustig.	Das sind schöne Muscheln.
	Die Hose ist alt.	Das ist ein roter Ball.
	Die Muscheln sind schön.	Das sind lustige Kinder.
	Das Auto ist klein.	Das ist eine alte Hose.

5 Markiere in jedem Satz das Adjektiv.

Adjektive können zwischen Artikel und Nomen stehen.
Dann haben sie verschiedene Wortbausteine am Ende:
ein rot**er** Ball, eine alt**e** Hose, ein klein**es** Auto, ...

6 Beschreibe genau.

dick	schief	alt	~~rund~~	gefleckt

der Knopf		Das ist ein runder Knopf.
der Turm		Das ist
das Buch		Das
die Kuh		
das Haus		

7 Markiere in jedem Satz von Aufgabe 6 das Adjektiv.

8 Beschreibe genau. Verwende Adjektive.
Schreibe die Sätze ins Heft.

Datum: ____________

1 Schreibe die Adjektive in die Lücken.

Das ist ein Ball.

Das ist ein kleiner Ball.

Das ist ein kleiner, runder Ball.

Das ist ein Pullover.

Das ist ein ____________ Pullover.

Das ist ein ____________, ____________ Pullover.

Das ist ein ____________, ____________, ____________ Pullover.

2 Male das Mädchen nach der Beschreibung weiter.
Markiere die Adjektive.

Suse hat einen langen Zopf.
Im Haar sieht man eine rote Schleife.
Ihre Hose ist gelb
und ihr Pullover ist grün.

3 Beschreibe den Jungen. Setze passende Adjektive ein.

Kjell hat kurze Haare.

Er trägt eine ____________ Brille.

Seine Jeans ist ____________

und seine Jacke ist ____________.

4 Beschreibe ein Kind aus deiner Klasse ganz genau.
Schreibe Sätze mit vielen Adjektiven ins Heft.

Verschiedene Adjektive in einen Satz einsetzen
Adjektive in einem Text erkennen
Eine Person mit Adjektiven beschreiben

HR

Datum: ____________

5 Setze passende Adjektive ein.

Das ist ein warmer Schuh.
Das ist ein ________ Schuh.
Das ist ein ________ Schuh.

Ich habe eine grüne Jacke an.
Ich habe eine ________ Jacke an.
Ich habe eine ________ Jacke an.

Das ist ein schweres Buch.
Das ist ein ________ Buch.
Das ist ein ________ Buch.

warm
dick
interessant
klein
dünn
grün
blau
schwer
langweilig
lang
spannend
kurz
leicht

6 Setze passende Adjektive ein.

Mein Traumklassenraum

Ich möchte ________ Farbe an den Wänden.
Vor den Fenstern hängen ________ Gardinen.
Auf dem Boden liegt ein ________ Teppich.
Es gibt keine Stühle, sondern ________ Sessel.

7 Wie stellst du dir dein Traumzimmer vor?
Beschreibe es im Heft genau. Verwende viele Adjektive.
Ich möchte ein ... Zimmer haben. ...

Mit Adjektiven Gegensätze beschreiben

1 Verbinde die Gegensatzpaare.

leise	hell
schwer	billig
teuer	laut
dunkel	leicht

groß	heiß
kalt	klein
langsam	reich
arm	schnell

2 Setze passende Adjektive von Aufgabe 1 in die Sätze ein.
Markiere die Wortbausteine am Ende.

In der Tasse dampft heißer Kakao.

Im Kühlschrank steht ______ Saft.

Im Wind weht eine ______ Feder.

Im Keller steht eine ______ Kiste.

Die Schnecke ist ein ______ Tier.

Der Jaguar ist ein ______ Tier.

3 Markiere die Adjektive.
Schreibe Gegensätze auf.

Es ist nicht sauer, sondern süß.

Es ist nicht schmutzig, sondern ______.

Es ist nicht jung, sondern ______.

Es ist nicht weich, sondern ______.

Mit Adjektiven unterscheiden

1 Lies die Texte. Markiere die Adjektive.
Schreibe die Namen der Clowns neben das richtige Bild.

Mein Clown heißt Alfons.
Alfons hat blaue Augen.
Er hat lange, gelbe Haare
und eine runde, rote Nase.
Er trägt einen schwarzen Hut
und eine kurze Jacke.

Mein Clown heißt Pippa.
Pippa hat braune Augen.
Sie hat rote, struppige Haare
und eine runde, rote Nase.
Sie trägt einen grünen Hut
und einen langen Umhang.

2 Markiere die Adjektive in den Texten.
Verbinde die Texte mit den passenden Tieren.

Mein Tier ist ein wildes Tier.
Es lebt im heißen Afrika.
Das Fell hat schwarze Streifen.
Es ist ein schneller Läufer.
Es hat einen kurzen Hals.

Mein Tier ist auch ein wildes Tier.
Es lebt auch im heißen Afrika.
Das Fell hat braune Flecken.
Es ist auch ein schneller Läufer.
Es hat einen sehr langen Hals.

der Löwe

die Giraffe

das Zebra

der Gepard

3 Welches ist dein Lieblingstier?
Beschreibe es im Heft genau. Verwende viele Adjektive.
Mein Lieblingstier ist … . Es hat ein … Fell. …

Wortfamilien erkennen

Datum: ______________

1 Sprich mit einem Partnerkind.
Was meint Flora?

____
Unterschrift Partnerkind

Bei **verwandten** Wörtern einer **Wortfamilie** schreibst du einen Teil des Wortes immer gleich oder ähnlich.
Dieser Teil heißt **Wortstamm**: Kochbuch, einkochen, …

2 Markiere den Wortstamm **Freund/freund** in den Wörtern.

Freundin	freundlich	Schulfreund	befreundet
Freundschaft	Freundebuch	unfreundlich	Freunde

3 Bilde zum Wortstamm **Schlaf/schlaf** eine Wortfamilie.
Schreibe die Wörter.

Schlaf-	-zimmer -anzug -lied

Schlafzimmer,

ver- ein- durch-	**-schlaf-**	-en

Wortfamilien bzw. verwandte Wörter kennenlernen
Den Wortstamm in einer Wortfamilie erkennen
Zu einem Wortstamm eine Wortfamilie bilden

Fö 49/Fo 25
HR

Datum: ____________

1 Markiere in den Wörtern den Wortstamm **Flieg/flieg** und **Spiel/spiel**.
Schreibe sie geordnet nach den Wortfamilien **fliegen** und **spielen**.

Fliege	vorspielen	Spielkarte	abfliegen
mitspielen	wegfliegen	Spielfeld	Fliegenpilz

Wortfamilie **fliegen** 

Fliege

Wortfamilie **spielen** 

2 Markiere in den Wörtern den Wortstamm.
Ein Wort in jedem Kasten passt nicht zur Wortfamilie.
Streiche es durch.

Sportstunde sportlich Sportler Ballsport sparsam Sportplatz

verrechnen Rechnung vorrechnen vorschreiben abrechnen

Sonntag Sonnenschirm sonnig Sommer Sonnencreme sonnen

3 Welcher Wortstamm kommt in jedem Satz vor?
Markiere ihn.

Jannis hat ein neues Fahrrad bekommen.
Sein Bruder Felix wünscht sich auch ein Fahrzeug, ein Auto.
In der Fahrschule nimmt Felix Fahrstunden.
Felix ist schon einmal mit dem Fahrlehrer mitgefahren.
Die Fahrt war sehr aufregend.

Datum: ____________

1 Bilde zum Wortstamm **Mal/mal** eine Wortfamilie. Schreibe die Wörter.

Mal- -farbe -kasten -schule -er

Malfarbe,

ab- an- aus- über- **-mal-** -en

2 Bilde zum Wortstamm **Lauf/lauf** eine Wortfamilie.
Du kannst die Wortbausteine mehrmals benutzen.
Achte darauf, dass du Nomen großschreibst. Schreibe die Wörter.

vor- -schuhe fort- über- -bahn **Lauf-** -treffen weg-

ver- -strecke -zeit **-lauf-** -en -training -hose

Laufbahn,

3 Bilde Wörter zur Wortfamilie **kaufen**. Schreibe sie ins Heft.
Der Wortstamm kann sich leicht verändern: gekauft, Käufer, ...

Wörter zu Wortfamilien sammeln

Datum: ______________

1 Suche dir ein Partnerkind.
Sammelt Wörter zu den Wortfamilien.

____
Unterschrift Partnerkind

a) Jeder schreibt zu jedem Wortstamm passende Wörter. Nomen schreibt ihr groß.

b) Tauscht die Hefte.

c) Schreibt weitere Wörter.

Putz/putz

Putzlappen

Seh/seh

Fernseher

Ess/ess

Abendessen

Roll/roll

Rollbrett

2 Markiere in den Wörtern von Aufgabe 1 den Wortstamm.

S5

Sprache erforschen

Datum: ____________

1 Sprich mit einem Partnerkind.
Was meint Flora?

____
Unterschrift Partnerkind

2 Schreibe die Begrüßungen unter die Bilder.

Hallo!
Moin, moin!
Grüß Gott!
Hello!

Grüß Gott!

____

____

____

3 Verbinde die hochdeutschen Wörter mit den norddeutschen Wörtern.

Mädchen	lütt
reden	Deern
klein	klönen

Tag	Natt
Nacht	Snee
Schnee	Dag

4 Verbinde die hochdeutschen Wörter mit den süddeutschen Wörtern.

Junge	Radl
reden	Bub
Fahrrad	schwätzen

arbeiten	Mädle
Mädchen	Semmel
Brötchen	schaffen

Unterschiedliche Begrüßungen kennenlernen
Sich bewusst werden, dass es regionalsprachliche Besonderheiten gibt

HR

Datum: ____________

1 Schreibe die gesprochenen Wörter richtig.

oft spricht man	man schreibt aber
Vata	Vater
Bruda	
Schwesta	

Viele Wörter werden nicht deutlich ausgesprochen. Da musst du aufpassen!

oft spricht man	man schreibt aber
durstich	durstig
zwanzich	
fertich	

2 Schreibe die gesprochenen Verben richtig.

~~maln~~ gehn stehn sehn redn tragn

malen,

3 Manchmal spricht man Wörter anders, als sie geschrieben werden. Verbinde die Wörter in den Sprechblasen mit den geschriebenen Wörtern.

Mondag	Mutter
denge	Montag
Mudder	denken

Fescht	Wurst
Wurscht	Fenster
Fenschter	Fest

Datum: ____________

1 Schreibe die Wörter neben die Bildzeichen.

Fußball	Radfahren	Reiten	Skifahren	Tennis	Schwimmen

 Tennis

 ____________

 ____________

 ____________

 ____________

 ____________

2 Verbinde die Bildzeichen mit den Wörtern.

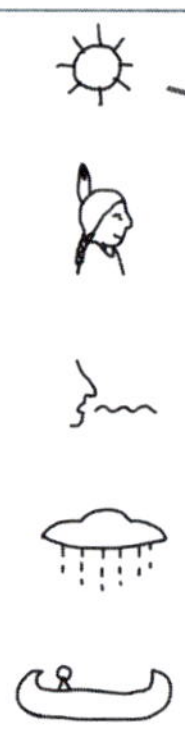

Regen
Sonne
Indianer
Kanu
reden

sehen
Fluss
kämpfen
Weg
weißer Mann

Pferdespur
Büffel
essen
Zelt
Wald

3 Schreibe mit den Zeichen einen Satz.

Zeichne ins Heft: Die Indianer sehen eine Pferdespur.

Bildzeichen Bedeutungen zuordnen
Die Bedeutung von Bildzeichen erschließen
Sätze mit Bildzeichen schreiben

1 Was bedeuten diese Emojis?
Kreuze an.

- [ ] Ich bin traurig und weine viel.
- [ ] Ich weine, weil ich Zwiebeln schneide.
- [ ] Ich muss vor Lachen weinen.

- [ ] Ich habe hier einen Pickel.
- [ ] Mein Kinn juckt.
- [ ] Ich denke nach.

- [ ] Meine Hände sind sauber.
- [ ] Ich umarme dich.
- [ ] Ich trage keine Handschuhe.

2 Zeichne das passende Emoji neben die Sätze.

Ich bin ziemlich müde.

Ich erzähle das Geheimnis nicht weiter.

Ich freue mich auf das leckere Essen.

Ich habe das nicht so ernst gemeint.

3 Sprich mit einem Partnerkind.

- Wann benutzt du Emojis?
- Warum werden Emojis so oft benutzt?

____
Unterschrift Partnerkind

Datum: ____________

1 Verbinde die englischen mit den deutschen Wörtern.

Party	zelten
Sandwich	Feier
Team	Laden
campen	leiten, führen
Shop	Mannschaft
managen	belegtes Brot

Event	Rollbrett
Skateboard	verstehen
checken	Veranstaltung
Story	schön
Power	Geschichte
nice	Kraft

2 Mit welchem Wort kannst du das unterstrichene Wort ersetzen? Schreibe.

Pool	Shorts	shoppen	~~Dressing~~	Baby

Ich esse Salat mit Soße. Dressing

Ich gehe einkaufen. ____________

Im Sommer trage ich kurze Hosen. ____________

Ich bade in Opas Schwimmbecken. ____________

Ein Säugling schläft viel. ____________

3 Schreibe die deutsche Bedeutung dieser Wörter ins Heft.
Schau in einem Lexikon nach.

Snack	cool	chillen	easy	Chips

Englische Fachwörter für Medien nutzen

1 Sprich mit einem Partnerkind über die Wörter.
Welche Wörter kennt ihr schon?

____
Unterschrift Partnerkind

App	Internet	Hamburger	E-Mail	USB-Stick	Jeans
Smartphone	Selfie	Computer	Basketball	Tablet	

2 Welche 3 Wörter gehören nicht zum Thema **Medien**? Streiche sie durch.

3 Wähle zu jedem Bild das passende Fachwort von Aufgabe 1 aus.
Schreibe.

(A)

____

(B)
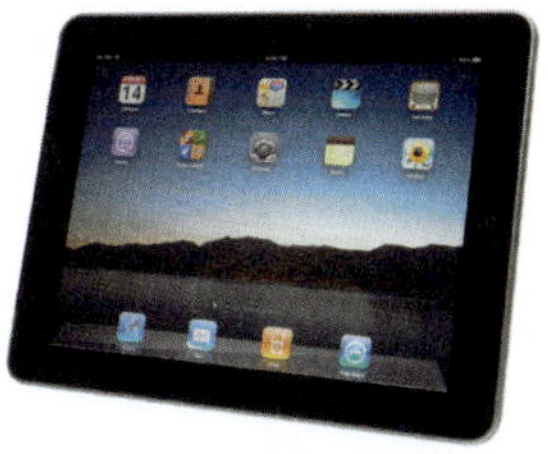
____

(C)

____

(D)

____

4 Ordne den Beschreibungen den passenden Buchstaben von Aufgabe 3 zu.

◯ ein kleiner flacher Computer, der mit den Fingern gesteuert werden kann

◯ ein kleines Speichergerät, auf dem Daten (Texte, Fotos, Audiodateien) für den Computer gesichert werden können

◯ ein elektronischer Brief, der von einem Computer zum anderen geschickt wird

◯ ein kleines Programm, das man sich auf das Smartphone oder das Tablet laden kann

5 Suche für die anderen Medien-Fachwörter Erklärungen auf *www.internet-abc/kinder/lexikon*.

Datum: ____________

1 Sieh dir das Lied in den verschiedenen Sprachen an.

Mein Hut, der hat drei Ecken

Mein  Hut, der hat 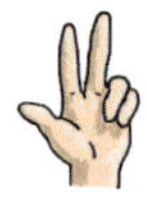 drei  Ecken,
drei Ecken hat mein Hut.
Und hätt' er nicht drei Ecken,
so wär' er nicht mein Hut!

Englisch

My hat, it has three corners,
three corners has my hat.
And had it not three corners,
it would not be my hat.

Schwedisch

Min hatt, den har tre kanter,
tre kanter har min hatt.
Och har den ej tre kanter,
så är den ej min hatt!

2 Markiere die Übersetzungen der grünen Wörter in den Texten von Aufgabe 1.

3 Schreibe die passenden Wörter von Aufgabe 1 in die Tabelle.

	Deutsch	Englisch	Schwedisch
	Hut		
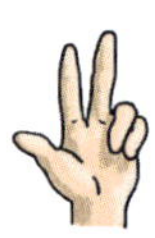			

4 Welche Wörter kennst du noch in einer anderen Sprache? Sprich sie einem Partnerkind vor.

____
Unterschrift Partnerkind

Ein Lied in unterschiedlichen Sprachen kennenlernen
Ähnlichkeiten von Wörtern in verschiedenen Sprachen an grafischen und akustischen Merkmalen erkennen

Das kann ich jetzt

Ich kann Selbstlaute in Wörtern markieren:

Ich kann Wörter in Silben gliedern:

Ich kann einige Wörter nach dem ABC geordnet schreiben:

Ich kenne Nomen:

Ich kenne Verben:

Ich kenne Adjektive:

Das kann ich jetzt

Ich kenne Nomen in der Einzahl und in der Mehrzahl:

Einzahl

Mehrzahl

Ich kenne Nomen mit bestimmten und unbestimmten Artikeln:

Nomen mit bestimmtem Artikel

Nomen mit unbestimmtem Artikel

Das kann ich jetzt

Ich kann Sätze mit Punkt, Fragezeichen, Ausrufezeichen schreiben:

.

?

!

Ich kann Wörter einer Wortfamilie schreiben: